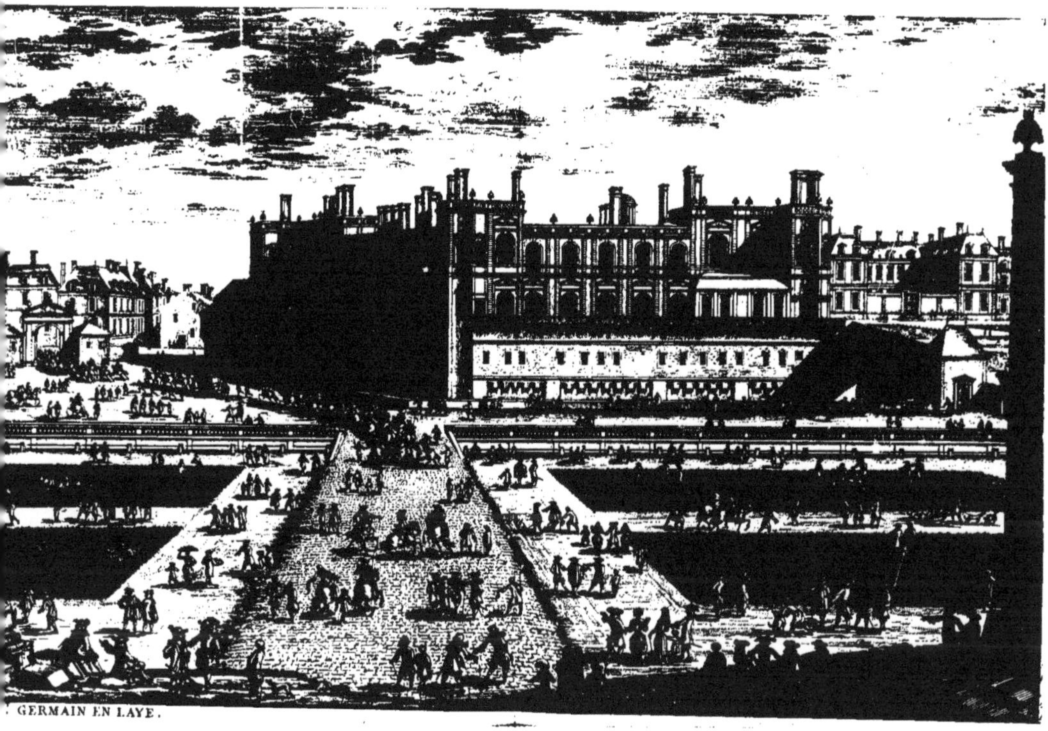

. GERMAIN EN LAYE.

BALLET
DES BALLETS,

Danſé devant Sa Majeſté en ſon Chaſteau de S. Germain en Laye au mois de Decembre 1671.

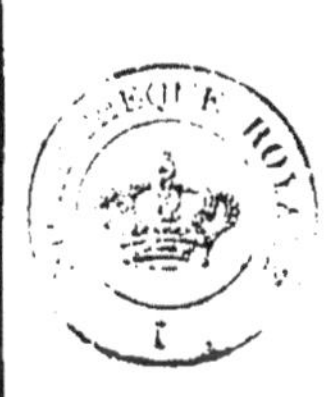

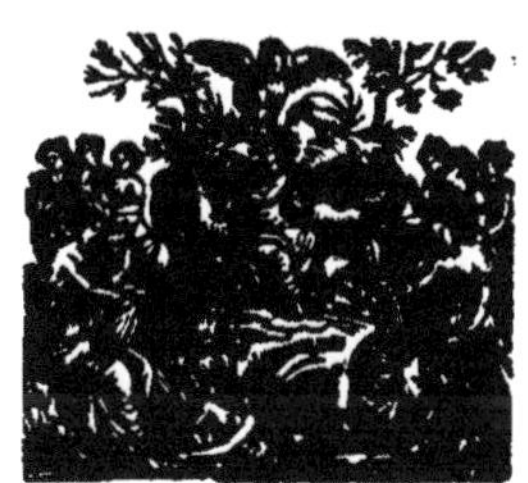

A PARIS,

Par ROBERT BALLARD, ſeul Imprimeur du Roy pour la Muſique, ruë S. Jean de Beauvais, au Mont-Parnaſſe.

M. DC. LXXI.

AVEC PRIVILEGE DE SA MAIESTE'.

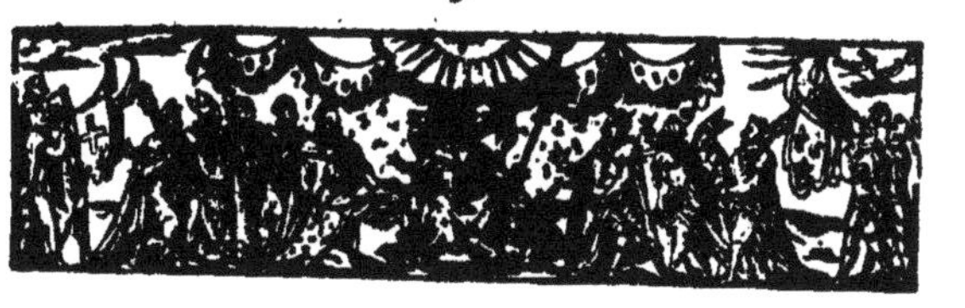

BALLET DES BALLETS.

AVANT-PROPOS.

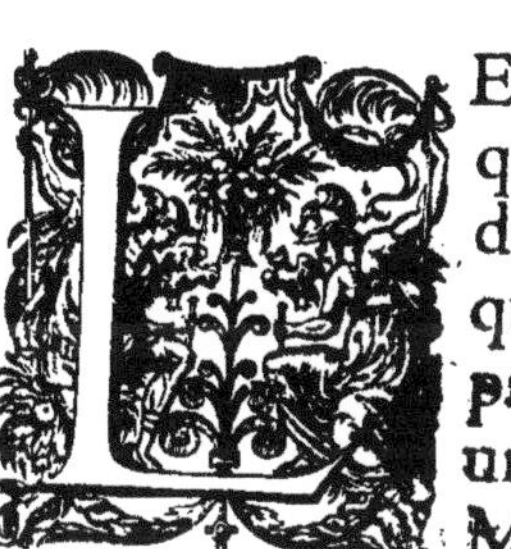

LE ROY qui ne veut que des choses extraordinaires dans tout ce qu'il entreprend, s'est proposé de donner un Divertissement à MADAME à son arrivée à la Cour, qui fust composé de tout ce que le Theatre peut avoir de plus beau ; Et pour répondre à cette idée,

SA MAJESTE' a choisi tous les plus beaux Endroits des Divertissemens qui se sont representez devant Elle depuis plusieurs années; & ordonné à Moliere de faire une Comedie qui enchaînast tous ces beaux morceaux de Musique & de Dance, afin que ce Pompeux & Magnifique assemblage de tant de choses differentes, puisse fournir le plus beau Spectacle qui ce soit encore veu pour la Salle, & le Theatre de Saint Germain en Laye.

PROLOGVE

PROLOGVE.

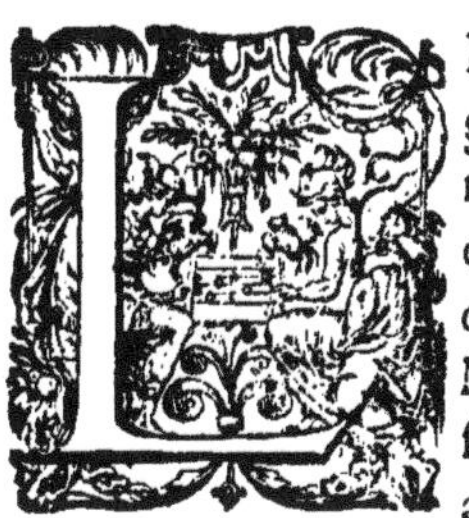

LE Theatre s'ouvre à l'agreable bruit d'un grand nombre d'Instrumens, & d'abord il offre aux yeux des Spectateurs une vaste Mer bordée de chaque costé de sept grands Rochers, avec huit Fleuves, accoudez sur les marques de ces sortes de Deïtez. Autour desdits Fleuves sont seize Tritons, & au milieu de la Mer quatre Amours montez sur des Dauphins avec le Dieu Æole derriere eux, élevé au dessus des Ondes sur un petit Nuage. Æole commande aux Vents de se retirer, & tandis que les Amours, les Tritons & les Fleuves luy répondent, la Mer se calme, & du milieu des Ondes on voit s'élever une Isle. Huit Pescheurs sortent du fond de la Mer avec des nacres de Perles, & des branches de Corail, & aprés une Dance agreable; le Chœur de la Musique annonce la venuë de Neptune, qu'on voit paroistre au milieu des Ondes, avec les marques de sa Divinité, accompagné de six Dieux Marins, & pendant que ce Dieu dance avec sa suitte, les Pescheurs, les Tritons & les Fleuves, accompagnent ses pas de gestes differents, & de bruit de conques de Perles.

ÆOLE, Monsieur d'Estival.

Quatres Amours, Iannot, Renier, Pierot, & Oudot.

Huict Fleuves, Messieurs Beaumont, Fernon l'aisné, Rebel, Serignan, David, Aurat, Devellois, & Gillet.

Seize Tritons, Messieurs Bony, de la Grille, le Gros, Hedouin, Gaye, Donc, Gingan l'aisné, Gingan le cadet Fernon le cadet, Deschamps, Langez, Morel, le Maire, Bernard, Perchot, & Oudot.

NEPTVNE, Monsieur de S. André.

Six Dieux Marins, Messieurs Magny, Favre, Favier cadet Ioubert, Foignard l'aisné, & Foignard le cadet.

Huict Pescheurs, Messieurs Beauchamp, d'Eydieu, Chicanneau, Lestang, Mayeux, Favier, Isaac, & S. André cadet.

RECIT D'ÆOLE.

Vents, qui troublez les plus beaux jours,
Rentrez dans vos grotes profondes;
Et laissez regner sur les Ondes
Les Zephires & les Amours.

Vn Triton.

Quels beaux yeux ont percé nos demeures humides?
Venez, venez Tritons, cachez vous Nereïdes.

Tous les Tritons.

Allons tous au devant de ces Divinitez,
Et rendons par nos chants hommage à leurs beautez.

Vn Amour.

Ah que ces Princesses sont belles!

Vn autre Amour.

Quels sont les cœurs qui ne s'y rendroient pas?

Vn autre Amour.

La plus belle des Immortelles,
Nostre Mere, a bien moins d'appas.

Chœur.

Allons tous au devant de ces Divinitez,
Et rendons par nos chants hommage à leurs beautez.

Vn Triton.

Quel noble ſpectacle s'avance!
Neptune le grand Dieu, Neptune avec ſa Cour
Vient honorer ce beau jour
De ſon Auguſte preſence.

Chœur.

Redoublons nos Concerts,
Et faiſons retentir dans le vague des Airs
Noſtre réjoüiſſance.

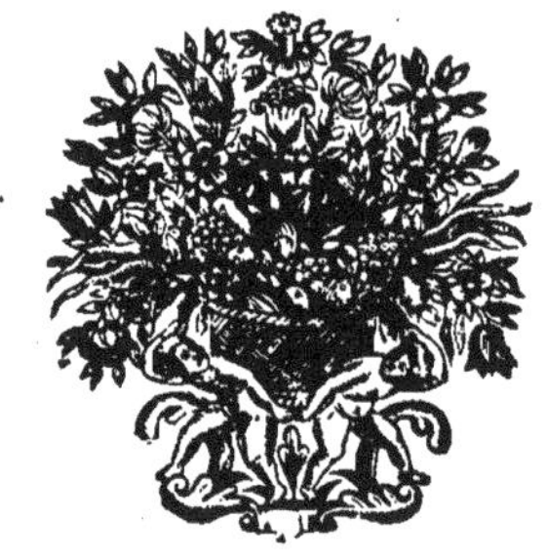

PROLOGUE DE VENUS.

FLORE est au milieu du Theatre suivie de ses Nymphes, accompagnée à droit & à gauche de Vertumne Dieu des Arbres & des Fruits, & de Palæmon Dieu des Eaux; chacun de ses Dieux conduit vne troupe de Divinitez, l'vne mene à sa suitte des Dieux Marins, & l'autre des Sylvains.

Vne grande machine descend du Ciel au milieu de quatre autres plus petites, elles sont toutes cinq enveloppées d'abord dans des nuages qui descendent sur le Theatre: On découvre Venus dans celle du milieu, au devant d'une gloire de nuage, avec six petits Amours dans celles qui sont des deux costez, & six autres qui s'envolent en mesme temps que les Machines disparoissent; Apres cela le Ciel se ferme, & le Theatre se change en un agreable boccage pour le commencement de la Comedie: Aussi tost que Flore apperçoit Venus, elle la presse de venir achever par ses charmes les douceurs que la Paix a commencée de faire gouster sur la terre; Et par un recit qu'elle chante, elle témoigne l'impatience qu'elle a de profiter du retour de la plus aymable des Déesses, qui preside à la plus belles des Saisons.

FLORE, Mademoiselle Hylaire.

Nymphes de Flore qui chantent, Messieurs Langez, Gingan cadet, Gillet, Oudot, & Iannot.

Vertumne, Monsieur de la Grille.

Palæmon, Monsieur Gaye.

Suitte de Vertumne & de Palæmon.

Sylvains, Messieurs Bony, le Gros, Hedouïn, Donc, Gingan l'aisné, Fernon le cadet, Morel, Deschamps, le Maire, Bernard, & Perchot.

Fleuves, Messieurs Beaumont, Fernon l'aisné, Rebel, Serignan, David, Devellois, Aurat, & Gillet.

Six Divinitez marines Dançans, Messieurs Magny, Favre, Favier cadet, Ioubert, Foignard l'aisné, & Foignard le cadet.

Huict Sylvains Dançans, Messieurs Beauchamp, d'Eydieu, Chicanneau, Mayeux, Favier, de Lestang, Isaac, & S. André cadet.

VENUS, Mademoiselle de Brie.

Douze Amours.

RECIT DE FLORE

Chanté par Mademoiselle Hylaire.

CE n'eſt plus le temps de la Guerre;
Le plus puiſſant des Rois
Interrompt ſes Exploits
Pour donner la Paix à la Terre:
Deſcendez, Mere des Amours,
Venez nous donner de beaux jours.

Les Nymphes de Flore, Vertumne & Palæmon, avec les Divinitez qui les accompagnent, joignent leurs voix à celle de Flore pour preſſer Venus de deſcendre ſur la Terre.

CHOEVR

Des Divinitez de la Terre & des Eaux.

NOus gouſtons une Paix profonde;
Les plus doux Jeux ſont icy bas;
On doit ce repos plein d'appas
Au plus grand ROY *du Monde:*
Deſcendez, Mere des Amours,
Venez nous donner de beaux jours.

Vertumne & Palæmon font en chantant une maniere de Dialogue pour exciter les plus insensibles à cesser de l'estre à la veuë de Venus & de l'Amour. Les Sylvains & les Divinitez Marines expriment en mesme temps par leurs Dances, la joye que leur inspire la presence de ces deux charmantes Divinitez.

DIALOGUE

De Vertumne & de Palæmon.

Chanté par Messieurs de la Grille & Gaye.

VERTUMNE.

Rendez-vous, Beautez cruelles,
Soûpirez à vostre tour:

PALÆMON.

Voicy la Reyne des Belles
Qui vient inspirer l'Amour.

VERTUMNE.

Un bel Objet toûjours severe
Ne se fait jamais bien aimer.

PALÆMON.

C'est la beauté qui commence de plaire,
Mais la douceur acheve de charmer.

Ils repetent ensemble ces derniers Vers.

C'est la beauté qui commence de plaire,
Mais la douceur acheve de charmer.

VERTUMNE.

Souffrons tous qu'Amour nous blesse ;
Languissons, puis qu'il le faut ;

PALÆMON.

Que sert un cœur sans tendresse ;
Est-il un plus grand défaut ?

VERTUMNE.

Un bel Objet toûjours severe
Ne se fait jamais bien aimer.

PALÆMON.

C'est la beauté qui commence de plaire,
Mais la douceur acheve de charmer.

Flore répond au Dialogue de Vertumne & de Palæmon, par un Menüet qu'elle chante : Elle fait entendre que l'on ne doit pas perdre le temps des Plaisirs ; & que c'est une folie à la Ieunesse d'estre sans amour. Les Divinitez qui suivent Vertumne & Palæmon, meslent leurs Dances au Chant de Flore, & chacun fait connoistre son empressement à contribüer à la réjoüissance generale.

MENVET DE FLORE

Chanté par Mademoiselle Hylaire.

EST-on ſage
Dans le bel âge?
Eſt-on ſage
De n'aimer pas?
Que ſans ceſſe
L'on ſe preſſe
De gouſter les plaiſirs icy bas;
La ſageſſe
De la Jeuneſſe
C'eſt de ſçavoir joüir de ſes appas.

L'Amour charme
Ceux qu'il deſarme,
L'Amour charme,
Cedons luy tous:
Noſtre peine
Seroit vaine
De vouloir reſiſter à ſes coups:
Quelque chaîne
Qu'un Amant prenne,
La Liberté n'a rien qui ſoit ſi doux.

Les Divinitez de la Terre & des Eaux, voyant approcher Venus, recommencent de joindre toutes leurs voix, & continüent par leurs Dances de luy témoigner le plaisir qu'elles ressentent à son abord, & la douce esperance dont son retour les flate.

CHOEVR.

De toutes les Divinitez de la Terre & des Eaux.

NOus goustons une Paix profonde,
Les plus doux Jeux sont icy bas;
On doit ce repos plein d'appas
Au plus grand ROY *du Monde:*
Descendez, Mere des Amours,
Venez nous donner de beaux Jours.

Venus descend du Ciel sur le Theatre avec les six Amours, où elle fait un petit Prologue qui jette les Fondemens de toute la Comedie, & des Divertissemens qui vont venir.

Aprés ce Prologue de Venus les Violons joüent une ouverture, en attendant le premier Acte de la Comedie.

NOMS DES ACTEVRS
de la Comedie.

Le Vicomte.	le Sieur de la Grange.
La Comtesse,	Mademoiselle Marotte.
La Suivante.	Bonneau.
Le petit Comte.	le Sieur Gaudon.
L Precepteur du petit Comte.	le Sieur de Beauval.
Le Laquais	Finet.
La Marquise.	Mademoiselle de Beauval.
Le Conseiller.	le Sieur Hubert.
Le Receveur des Tailles.	le Sieur Ducroisy.
Le Laquais du Conseiller.	Boulonnois.

POVR LA PASTORALLE.

La Nymphe.	Mademoiselle de Brie.
La Bergere en homme.	Mademoiselle Moliere.
La Bergere en femme.	Mademoiselle Moliere.
L'Amant Berger.	le Sieur Baron.
Premier Pastre.	le Sieur Moliere.
Second Pastre	le Sieur de la Toilliere.
Le Turc.	le Sieur Moliere.

Premier

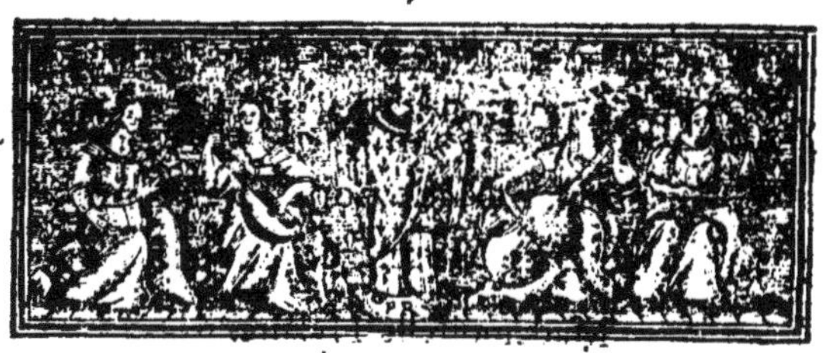

PREMIER ACTE DE LA COMEDIE.

LA PLAINTE.

NE Trouppe de Perſonnes affligées viennent déplorer la diſgrace d'une beauté condamnée à la mort par les Dieux.

Femme deſolée.

Mademoiſelle Hylaire.

Hommes affligez.

Meſsieurs Morel & Langez.

Douze Fluſtes. Les Sieurs Philbert, Deſcouteaux, Pieſche fils, Nicolas, Louis, Martin & Collin Hottere, Foſſart, Duclos, Boutet, Arnal & Payſan.

PLAINTES EN ITALIEN

Chantées par Mademoiſelle Hylaire, Meſſieurs Morel, & Langez.

Mademoiſelle Hylaire.

DEh piangete al pianto mio
Saſſi duri, antiche ſelue,
Lagrimate fonti, e belue
D'un bel volto il fato rio.

M. Langez.

Ahi dolore!

M. Morel.

Ahi martire.

M. Langez.

Cruda morte!

M. Morel.

Empia ſorte!

Tous trois.

Che condanni à morir tanta beltà.
Cieli, ſtelle, ahi crudeltà.

Imitation en Vers François,

DES PLAINTES EN ITALIEN.

Chantées par Mademoiselle Hylaire, Messieurs Morel, & Langez.

Mademoiselle Hylaire.

Melez vos pleurs avec mes larmes,
Durs Rochers, froides Eaux, & vous Tigres affreux,
Pleurez le destin rigoureux
D'un Objet dont le crime est d'avoir trop de charmes.

M. Langez.

O Dieux! quelle douleur!

M. Morel.

Ah! quel mal-heur!

M. Langez.

Rigueur mortelle!

M. Morel.

Fatalité cruelle!

Tous trois.

Faut-il, helas!
Qu'un Sort barbare
Puisse condamner au trespas
Vne Beauté si rare!
Cieux! Astres pleins de dureté!
Ah! quelle cruauté!

Mademoiſelle Hylaire.

Riſpondete à miei lamenti
Antri cavi, aſcoſe rupi,
Dech ridite fondi cupi
Del mio duolo i meſti accenti.

M. Langez.

Ahi dolore, &c.

M. Morel.

Com' eſſer può fra voi, ò Numi eterni,
Chi voglia eſtinta una beltà innocente,
Ahi che tanto rigor, Cielo inclemente,
Vince di crudeltà gli ſteßi inferni.

M. Langez.

Nume fierto.

M. Morel.

Dio ſevero.

Enſemble.

Perche tanto rigor
Contro innocente cor.
Ahi ſentenza inudita,
Dar morte à la Beltà, ch' altrui da vita.

Mademoiſelle

Mademoiselle Hylaire.

Respondez à ma plainte, Echos de ces Bocages,
Qu'un bruit lugubre éclate au fonds de ces Forests :
Que les Antres profonds, les Cavernes sauvages,
Repetent les accents de mes tristes regrets.

M. Langez.

O Dieux quelle douleur ! &c.

M. Morel.

Quel de vous, ô grands Dieux ! avec tant de furie,
Veut détruire tant de Beauté ?
Impitoyable Ciel ! par cette barbarie
Voulez-vous surmonter l'Enfer en cruauté ?

M. Langez.

Dieu plein de haine !

M Morel.

Divinité trop inhumaine !

Ensemble.

Pourquoy ce courroux si puissant
Contre un Cœur innocent ?
O rigueur inouïe !
Trancher de si beaux jours !
Lors qu'ils donnent la vie
A tant d'Amours !

ENTRE'E DES FVRIES ET DES LUTINS.

Huit Furies. Meſſieurs le Chantre, Foignard l'aiſné Foignard cadet, S. André cadet, Iſaac, Favre, le Roy, & la Montagne.

Deux Lutins faiſans des ſaults perilleux. Maurice, & Petit-Jean.

CONTINVATION DES PLAINTES.

Mademoiſelle Hylaire.

AHi ch' indarno ſi tarda,
Non reſiſte a li Dei, mortale affetto,
Alto impero ne sforZa,
Oue commanda il Ciel, l'Uuom cede à forZa.

Deh piangete, &c. Come ſopra.

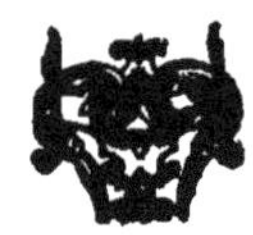

CONTINVATION DES PLAINTES,

Aprés l'Entrée des Hommes affligez, & des Femmes desolées.

Mademoiselle Hylaire.

QVe c'est un vain secours, contre un mal sans remede,
Que d'inutiles pleurs, & des cris superflus:
Quand le Ciel a donné des Ordres absolus,
Il faut que l'effort humain cede.

Meslez vos pleurs, &c. comme cy-dessus.

DEVXIESME ACTE
De la Comedie.
LES MAGICIENS.

CEremonie Magique de Chanteurs & de Dançeurs.

Deux Magiciens Dançans. Messieurs la Pierre & Favier.

Six Demons Dançans. Messieurs Dolivet, le Chantre, Saint André, Dolivet fils, Saint André cadet, & Lestang.

Trois Magiciens Assistans & Chantans. Messieurs le Gros, Gaye, & Morel.

Ils chantent.

DEesse des appas
Ne nous refuse pas
La grace qu'implorent nos bouches,
Nous t'en prions par tes rubans,
Par tes boucles de diamans,
Ton rouge, ta poudre, tes mouches,
Ton masque, ta coëffe, & tes gans.

O toy? qui peux rendre agreables
Les visages les plus mal-faits,
Répens, Venus, de tes attraits

Deux ou trois doZes charitables
Sur ce muZeau tondu tout frais.

Déesse des appas
Ne nous refuse pas, &c.

Ah qu'il est beau
Le Jouvenceau,
Ah! qu'il est beau! ah! qu'il est beau!
Qu'il va faire mourir de belles:
Auprés de luy les plus cruelles
Ne pourront tenir dans leur peau,
Ah! qu'il est beau
Le Jouvenceau!
Ah! qu'il est beau! ah! qu'il est beau!
Ho, ho, ho, ho, ho, ho.

Qu'il est joli,
Gentil, poli,
Qu'il est joli, qu'il est joli,
Est-il des yeux qu'il ne ravisse?
Il passe en beauté feu Narcisse
Qui fut un blondin accompli.
Qu'il est joli,
Gentil, poli,
Qu'il est joli, qu'il est joli,
Hi, hi, hi, hi, hi, hi.

TROISIESME ACTE
De la Comedie.

LE COMBAT DE L'AMOUR & de Bacchus.

LE Theatre represente un agreable Iardin de Cedres & de Mirthes, fermé dans le fonds par une belle Perspective, & aux deux costez, au dessous desdits Cedres, tous les Musiciens & Concertans du Choeur de l'Amour sont assis; & aprés que le Chœur de l'Amour a chanté quelque temps, la Perspective s'ouvre, & tout le fond du Theatre represente une grande Voûte, sous laquelle sont plusieurs Satyres, Chantans assis sur des Tonneaux de Vin, tenans des Bouteilles & des Verres en main, accompagnez de plusieurs autres des deux costez & derriere eux; & au dessus de ladite Voûte est une grande Balustrade de Flacons, derriere laquelle le reste du Chœur de Bacchus paroist assis sur un Amphitheatre, au dessous d'une Treille ou Berceau de Vigne, pendant que deux Bergers & deux Bergeres chantent un Dialogue en Musique, & que quatre Bergers & quatre Bergeres, avec quatre suivans de Bacchus, & quatre Bacchantes Dancent leurs Entrées.

Cloris. Mademoiselle Hylaire.
Climene. Mademoiselle Des-Fronteaux.
Tircis. Monsieur Gingan cadet.
Philene. Monsieur Gaye.

Chœur de l'Amour.

Douze Bergers chantans dans le Chœur de l'Amour.
Messieurs Bony, Hebert, le Gros, Donc, Beaumont, Fernon cadet, Rebel, Longueil, Langez, Gillet, Pierrot, & Regnier,

Vingt-deux Bergers du Chœur de l'Amour, joüans du Violon & de la Fluste.

Les Sieurs Piesche pere & fils, Philbert, Descouteaux, Destouches, Allais, Marchand, Laquaisse Huguenet laisné, Huguenet cadet, Laquaisse cadet, la Fontaine, Charlot, Martinot pere & fils, le Roux l'aisné & le cadet, Guenin, le Grez, Roullé, Magny & Fossart.

Chœur de Bachus.

Deux Satyres chantans. Messieurs Estival, & Gingan l'aisné.

Seize autres Satyres chantans. Messieurs Hedoüin, Fernon l'aisné, Deschamps, Aurat, David, Serignan, Oudot, Morel, Duclos, le Maire, Perchot, Bernard, quatre Pages de la Chapelle.

Autres Satyres joüans du Haut-bois, de la Fluste & du Violon.

Les vingt-quatre Violons du Roy & dix Flustes.

DANCEVRS.

Quatre Bergers. Messieurs Chicanneau, S André, La Pierre & Magny.

Quatre Bergeres. Messieurs Bonnard, Arnal, Noblet & Foignard l'aisné.

Quatre suivans de Bachus. Messieurs Beauchamp, Dolivet, Ioubert & Mayeux.

Quatre Bachantes. Messieurs Pezan, la Vallée, la Montagne & Favier cadet.

CLORIS.

ICy l'ombre des Ormeaux
Donne un teint frais aux Herbettes,
Et les bords de ces Ruisseaux
Brillent de mille Fleurettes
Qui se mirent dans les Eaux.

Prenez

Prenez, Bergers, vos Musettes,
Ajustez vos Chalumeaux,
Et mélons nos Chansonnettes
Aux chants des petits Oyseaux.

Le Zephire entre ces Eaux
Fait mille courses secretes,
Et les Rossignols nouveaux
De leurs douces Amourettes
Parlent aux tendres Rameaux.
Prenez, Bergers, vos Musettes,
Ajustez vos Chalumeaux,
Et mélons nos Chansonnettes
Aux chants des petits Oyseaux.

Plusieurs Bergers & Bergeres galantes mélent aussi leurs pas à tout cecy, & occupent les yeux tandis que la Musique charme les oreilles.

CLIMENE.

Ah! qu'il est doux, belle Silvie,
Ah! qu'il est doux de s'enflammer;
Il faut retrancher de la vie
Ce qu'on en passe sans aymer.

CLORIS.

Ah! les beaux jours qu'Amour nous donne
Lors que sa flâme unit les cœurs;

Eſt-il ny gloire ny Couronne
Qui vaille ſes moindres douceurs?

TIRCIS.

Qu'avec peu de raiſon on ſe plaint d'un martyre
Que ſuivent de ſi doux plaiſirs.

PHILENE.

Un moment de bon-heur dans l'amoureux Empire
Repare dix ans de ſoûpirs.

Tous enſemble.

Chantons tous de l'Amour le pouvoir adorable,
Chantons tous dans ces lieux
Ses attraits glorieux;
Il eſt le plus aymable
Et le plus grand des Dieux.

A ces mots toute la Trouppe de Bachus arrive, & l'un d'eux s'avançant à la teſte chante fierement ces paroles.

Arreſtez, c'eſt trop entreprendre,
Un autre Dieu dont nous ſuivons les Loix
S'oppoſe à cét honneur qu'à l'Amour oſent rendre

Vos Musettes & vos Voix:
A des titres si beaux, Bachus seul peut prétendre,
Et nous sommes icy pour défendre ses droits.

Chœur de Bachus.

Nous suivons de Bachus le pouvoir adorable,
Nous suivons en tous lieux
Ses attraits glorieux,
Il est le plus aymable,
Et le plus grand des Dieux.

Plusieurs du party de Bachus mélent aussi leurs pas à la Musique, & l'on void icy un combat de Dançeurs contre Dançeurs, & de Chantres contre Chantres.

CLORIS.

C'est le Printemps qui rend l'ame
A nos champs semez de fleurs;
Mais c'est l'Amour & sa flâme
Qui font revivre nos cœurs.

Vn suivant de Bachus.

Le Soleil chasse les ombres
Dont le Ciel est obscurcy,

Et des ames les plus ſombres
Bachus chaſſe le ſoucy.

Chœur de Bachus.

Bachus eſt reveré ſur la Terre & ſur l'Onde.

Chœur de l'Amour.

Et l'Amour eſt un Dieu qu'on adore en tous lieux.

Chœur de Bachus.

Bachus à ſon pouvoir a ſoûmis tout le monde.

Chœur de l'Amour.

Et l'Amour a dompté les Hommes & les Dieux.

Chœur de Bachus.

Rien peut-il égaler ſa douceur ſans ſeconde?

Chœur de l'Amour.

Rien peut-il égaler ſes charmes precieux?

Chœur de Bachus.

Fy de l'Amour & de ſes feux.

Le party de l'Amour.

Ah! quel plaiſir d'aymer.

Le party

Le party de Bachus.

Ah! quel plaisir de boire.

Le party de l'Amour.

A qui vit sans amour, la vie est sans appas.

Le party de Bachus.

C'est mourir que de vivre, & de ne boire pas.

Le party de l'Amour.

Aymables fers.

Le party de Bachus.

Douce victoire.

Le party de l'Amour.

Ah! quel plaisir d'aymer.

Le party de Bachus.

Ah! quel plaisir de boire.

Les deux partis.

Non, non c'est un abus,
Le plus grand Dieu de tous.

Le party de l'Amour.

C'est l'Amour.

Le party de Bachus.

C'eſt Bachus.

Vn Berger ſe jette au milieu de cette diſpute, & chante ces Vers aux deux partis.

C'eſt trop, c'eſt trop, Bergers, hé pourquoy
ces débats?
Souffrons qu'en un party la raiſon nous aſſemble,
L'Amour a des douceurs, Bachus a des appas,
Ce ſont deux Dëitez qui ſont fort bien enſemble,
Ne les ſeparons pas.

Les deux Chœurs enſemble.

Meſlons donc leurs douceurs aymables,
Meſlons nos voix dans ces lieux agreables,
Et faiſons repeter aux Echos d'alentour
Qu'il n'eſt rien de plus doux que Bachus &
l'Amour.

Tous les Danceurs ſe meſlent enſemble à l'exemple des autres, & avec cette pleine réjoüiſſance de tous les Bergers & Bergeres finit le divertiſſement du Combat de l'Amour & de Bachus.

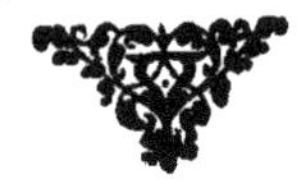

QVATRIESME ACTE
De la Comedie.

LES BOEMIENS.

LE fond du Theatre ſe change en une Grotte de Vulcain, avec une Forge pour les Cyclopes, & auparavant cette entrée on voit paroiſtre une Egyptienne qui dance & chante, accompagnée de douze Danceurs joüans de la Guittarre.

Ægyptienne. M. Noblet qui dance & chante.

PREMIER AIR.

D'Un pauvre cœur
Soulagez le martyre,
D'un pauvre cœur
Soulagez la douleur;
J'ay beau vous dire
Ma vive ardeur,
Je vous voy rire
De ma langueur:
Ha! cruelle j'expire
Sous tant de rigueur,

D'un pauvre cœur
Soulagez le martyre,
D'un pauvre cœur
Soulagez la douleur.

SECOND AIR.

CRoyez-moy, hastons-nous ma Sylvie,
Usons bien des momens precieux,
Contentons icy nostre envie,
De nos ans le feu nous y convie
Nous ne sçaurions vous & moy faire mieux:
Quand l'Hyver a glacé nos guerets,
Le Printemps vient reprendre sa place,
Et ramene à nos champs leurs attraits,
Mais helas! quand l'âge nous glace,
Nos beaux jours ne reviennent jamais.

Ne cherchons tous les jours qu'à nous plaire,
Soyons-y l'un & l'autre empressez,
Du plaisir faisons nostre affaire,
Des chagrins songeons à nous défaire;
Il vient un temps où l'on en prend assez.
Quand l'Hyver a glacé nos guerets,
Le Printemps vient reprendre sa place;
Et ramene à nos champs leurs attrais,
Mais helas! quand l'âge nous glace,
Nos beaux jours ne reviennent jamais.

Quatre

Quatre Boëmiens joüans de la Guitarre. Messieurs Beauchamp, Chicanneau, de Lorge & la Valée.

Quatre Biscayens joüans des Castagnettes. Messieurs La Pierre, Saint André, Magny & Foignard cadet.

Quatre Biscayennes. Messieurs Bonnard, Joubert, Pezant & Favier cadet.

VVLCAIN.

Entrée des Ciclopes & des Fées.

Six Ciclopes. Messieurs la Montagne, le Chantre, Desmatins, Saint André cadet, Isaac & le Roy.

Six fées. Messieurs Magny, Favre, de Lorge, Bertau, le Febvre & Chauveau.

CHANSON DE VVLCAIN

Chanté par Monsieur de la Forest.

DEspechez, preparez ces Lieux,
Pour le plus aymable des Dieux:
Que chacun pour luy s'interesse,
N'oubliez rien des soins qu'il faut;

Quand l'Amour presse
On n'a jamais fait assez tost.

Servez bien un Dieu si charmant,
Il se plaist dans l'empressement:
Que chacun pour luy s'interesse,
N'oubliez rien des soins qu'il faut;
Quand l'Amour presse
On n'a jamais fait assez tost.

Vulcain fait travailler les Ciclopes en diligence.

AUTRE RECIT.

L'Amour ne veut point qu'on differe,
Travaillez, hastez-vous,
Frapez, redoublez vos coups;
Que l'ardeur de luy plaire
Fasse vos soins les plus doux.

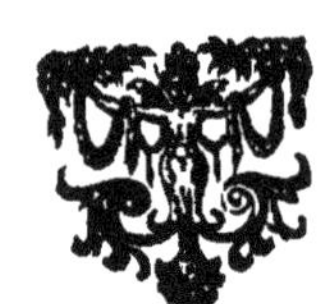

CINQVIESME ACTE
De la Comedie.
LA CEREMONIE TVRCQVE.

VN Bourgeois voulant donner ſa Fille en Mariage au Fils du Grand Turc, eſt annobly auparavant par vne Ceremonie Turcque, qui ſe fait en dançant & en chantant.

Il ſe void une petite Decoration dans le fonds du Theatre, avec un Portique au milieu d'un Iardin, & au travers on voit un autre Iardin en éloignement.

Les Acteurs de la Ceremonie ſont,

VN MVFTI, repreſenté par le Seigneur Chiacheron.

Douze Turcs Muſiciens aſſiſtans à la Ceremonie. Meſſieurs le Gros, Eſtival, Fauſſart, Gingan l'aiſné, Hedoüin, Rebel, Gillet, Fernon cadet, Bernard, Deſchamps, Langez & Gaye.

Quatre Deruis. Meſſieurs Morel, Gingan cadet, Noblet & Philbert.

Six Turcs dançans. Meſſieurs Beauchamp, Dolivet, Chicanneau, Foignard cadet, Bonnard, & la Pierre.

LE MUFTI invoque Mahomet avec les douze Turcs, & les quatre Dervis aprés, on luy amene le Bourgeois auquel il chante ces paroles.

Le Mufti.

Seti ſabir
Ti reſpondir
Se non ſabir
Tazir tazir.

Miſtar Mufti
Ti quiſtar ti
Non intendir
Tazir tazir.

Le Mufti demande en meſme langue aux Turcs aſſiſtans de quelle Religion eſt le Bourgeois, & ils l'aſſeurent qu'il eſt Mahometan. Le Mufti invoque Mahomet en langue Franche, & chante les paroles qui ſuivent.

Le Mufti.

Mahametta per Giourdina
Ni pregar ſera é mattina
Voler far vn paladina

Dé

Dé Giourdina, dé Giourdina
Dar turbanta é edar ſcarcina
Con galera é brigantina
Per deffender Paleſtina.
Mahametta. &c.

Le Mufti demande aux Turcs ſi le Bourgeois ſera ferme dans la Religion Mahometane, & leur chante ces paroles.

Le Mufti.

Star bon Turca, Giourdina.

Les Turcs.

Hi valla.

Le Mufti.

Hu la ba ba la chou ba la ba ba la da.

Les Turcs, *répetent les meſmes Vers.*

Le Mufti propoſe de donner le Turban au Bourgeois, & chante les paroles qui ſuivent.

Le Mufti.

Ti non ſtar Furba.

Les Turcs.

No no no.

Le Mufti.

Non ſtar furfanta.

Les Turcs.

No no no.

Donar Turbanta, donar Turbanta.

Les Turcs repetent tout ce qu'à dit le Mufti pour donner le Turban au Bourgeois. Le Mufti & les Dervis ſe coëffent avec des Turbans de ceremonies, & l'on preſente au Mufti l'Alcoran, qui fait une ſeconde invocation avec tout le reſte des Turcs aſſiſtans, apres ſon invocation il donne au Bourgeois l'eſpée, & chante ces paroles.

Le Mufti.

Ti ſtar nobilé é non ſtar fabola
Pigliar ſchiabbola.

Les Turcs *repetent les meſmes Vers.*

Le Mufti commande aux Turcs de baſtonner le Bourgeois, & chantent les paroles qui ſuivent.

Le Mufti.

Dara dara
Baſtonnara baſtonnara.

Les Turcs *repetent les meſmes Vers.*

Le Mufti aprés l'avoir fait baſtonner luy dit en chantant.

Le Mufti.

Non tener honta
Queſta ſtar ultima affronta.

Les Turcs *repetent les meſmes Vers.*

Le Mufti recommance une invocation, & ſe retire aprés la ceremonie avec tous les Turcs, en dançant & chantant avec pluſieurs Inſtrumens à la Turqueſque.

SIXIESME ACTE de la Comedie.

LES ITALIENS.

VNe Muſicienne Italienne fait le premier recit dont voicy les paroles.

La Muſicienne Italienne. Mademoiſelle Hylaire.

DI rigori armata il ſeno
Contro amor mi ribellai,
Ma fui vinta in un baleno
In mirar duo vaghi rai,
Ahi che reſiſte puoco
Cor di gelo a ſtral di fuoco.

Ma ſi caro é'lmio tormento
Dolce é ſi la piaga mia,
Ch' il penare é'l mio contento,
El' ſanarmi é tirannia.
Ahi che più giova, é piace
Quanto amor é più vivace.

Aprés l'air que la Muſicienne a chanté, deux Scaramouches, deux Trivelins, & deux Harlequins,

Harlequins, repreſentent en cadence une nuit à la maniere des Comediens Italiens.

Les deux Scaramouches. Meſſieurs Beauchamp, & Mayeux

Les deux Trivelins. Meſſieurs Foignard l'aiſné, & Foignard cadet.

Les deux Harlequins. Monſieur la Montagne, & le Seigneur Dominique.

Vn Muſicien Italien ſe joint à Mademoiſelle Hylaire, & chante avec elle les paroles qui ſuivent.

Le Muſicien Italien. Monſieur Gaye.

Bel tempo che vola
Rapiſcé il contento,
D'amor ne la ſcola
Si coglie il momento.

Mademoiſelle Hylaire.

Inſin che florida
Ride l'età
Che pur tropp' horrida
Da noi ſen và,

M

Tous deux.

Sù cantiamo,
Sù godiamo,
Nebei di, di gioventù:
Perduto ben non ſi racquiſta più.

Monſieur Gaye.

Pupilla che vaga
Mill' alme incatena,
Fà dolce la piaga
Felice la pena.

Mademoiſelle Hylaire.

Ma poiche frigida
Langue l'età.
Più l'alma rigida
Fiamme non hà.

Tous les deux.

Sù cantiamo, &c.

Aprés le Dialogue Italien, les Scaramouches & Trivelins dançent une réjoüiſſance.

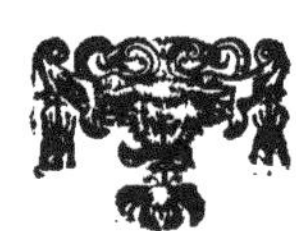

LES ESPAGNOLS.

Espagnols chantans.

Messieurs la Grille, Morel & Gillet.

M. Morel.

SE que me muero dé amor
Y solicito el dolor.

A un muriendo de querer
De tanbuen ayre adoleẓco
Que es mas de loque padeẓco
Loque quiero padecer
Y no pudiendo exceder
Amidesco el rigor.

Se que me muero dé amor
Y solicito el dolor.

Lisonsicame lasuerté
Con piedad tan advertida,
Que mé assegura lavida
En el riesgo de la muerté
Vivir de Lugolpe fuerte
Es de mi salud primor.

Se que me muero dé amor
Y ſolicito el dolor.

Trois Eſpagnols dançant. Meſſieurs Dolivet, le Chantre & Joubert.

Trois Eſpagnolles dançant. Meſſieurs de l'Eſtang, Bonnard & Iſaac.

Trois Muſiciens Eſpagnols.

M. Morel, *Eſpagnol chantant.*

A*Y que locura, contanto rigor*
Quexarſe deamor
Del nino bonito
Que todo es dulçura
Ay que locura,
Ay que locura.

M. Gillet, *Eſpagnol chantant.*

El dolor ſolicita,
El que al dolor ſe da
Y nadie deamor muere
Sino quien no ſave amar.

Meſſieurs

Meſſieurs Morel & Gillet, *Eſpagnols.*

Dulce muerte es el amor
Con correſpondencia ygual,
Y ſi eſta gozamos oy,
Porque la quieres turbar?

Monſieur Morel ſeul.

Alegreſe Enamorado
Y tome mi parecer
Que en eſto dequerer
Todo es hallar el vado.

Tous trois enſemble.

Vaya, vaya de fieſtas,
Vaya de vayle,
Alegria, alegria, alegria,
Queſto de dolor es fantaſia.

SEPTIESME
ET DERNIER ACTE
DE LA COMEDIE.

LE Theatre ſe change en une grande Decoration celeſte, & les deux coſtez ſont remplis de quatre Divinitez avec leurs ſuites; Sçavoir Apollon, accompagné des Muſes & des Arts; Bachus de Silene, des Egypans & des Menades; Mome de la Raillerie, avec une Trouppe enjoüée de Polichinelles & de Mathaſins, & Mars à la teſte d'une Trouppe de Guerriers, ſuivy de Timballes, de Tambours & de Trompettes, avec un grand nombre de Concertans aſſis ſur des nuages au deſſus d'une Mer flottante qui eſt dans le fond du Theatre, & au deſſous d'une gloire fort éloignée, où l'on voit toutes les Deïtez celeſtes aſſis par petits plotons ſur des nuages.

Apollon Dieu de l'Harmonie commence le premier à chanter pour inviter les Dieux à ſe réjoüir.

RECIT D'APOLLON

Chanté par M. Langez.

VNissons Nous, Trouppe immortelle;
Le Dieu d'Amour devient heureux Amant,
Et Venus a repris ſa douceur naturelle
En faveur d'un Fils ſi charmant;
Il va gouſter en paix aprés un long tourment,
Une felicité qui doit eſtre éternelle.

Toutes les Divinitez Celeſtes chantent enſemble à la gloire de l'Amour.

CHOEUR DES DIVINITEZ CELESTES.

CElebrons ce grand Iour;
Celebrons tous une Feſte ſi belle:
Que nos Chants en tous lieux en portent la nouvelle;
Qu'ils faſſent retentir le celeſte ſejour:
Chantons, repetons, tour à tour
Qu'il n'eſt point d'ame ſi cruelle
Qui toſt ou tard ne ſe rende à l'Amour.

Bachus fait entendre qu'il n'eſt pas ſi dangereux que l'Amour.

RECIT DE BACHUS

Chanté par Monſieur Gaye.

SI quelquefois
Suivant nos douces Loix,
La raiſon ſe perd & s'oublie,
Ce que le Vin nous cauſe de folie
Commence & finit en un jour ;
Mais quand un Cœur eſt enïvré d'Amour,
Souvent, c'eſt pour toute la vie.

Mome declare qu'il n'a point de plus doux employ que de médire, & que ce n'eſt qu'à l'Amour ſeul qu'il n'oſe ſe jouër.

RECIT DE MOME

Chanté par M. Morel.

IE cherche à médire
Sur la Terre, & dans les Cieux ;
Je ſoûmets à ma Satyre
Les plus grands des Dieux.
Il n'eſt dans l'Vnivers que l'Amour qui m'étonne,

Il est le Seul que j'épargne aujourd'huy;
Il n'appartient qu'à Luy
De n'épargner personne.

Mars avouë que malgré toute sa valeur, il n'a pû s'empécher de ceder à l'Amour.

RECIT DE MARS

Chanté par Monsieur Estival.

MEs plus fiers Ennemis vaincus ou pleins d'effroy
Ont veu toûjours ma Valeur triomphante,
L'Amour est le Seul qui se vante
D'avoir pû triompher de Moy.

Tous les Dieux du Ciel unissent leurs voix, & engagent les Tymbales & les Trompettes à répondre à leurs Chants, & à se méler avec leurs plus doux Concerts.

Chœur des Cieux, ou se meslent les Trompettes & les Tymbales.

CHantons les plaisirs charmants
Des heureux Amants.
Respondez-nous Trompettes,
Tymbales, & Tambours:

Accordez-vous toûjours
Avec le doux ſon des Muſettes,
Accordez-vous toûjours
Avec le doux chant des Amours.

ENTRE'E DE LA SVITE D'APOLLON.

Suite d'Apollon.

Les neuf Muſes. Mademoiſelle Hylaire, Mademoiſelle Deſfronteaux, Meſſieurs Gillet, Oudot, Deſcouteaux, Pieſche, Marchand, Laquaiſſe cadet & Mercier.

Les Arts traveſtis en Bergers Galants pour paroiſtre avec plus d'agrément dans cette Feſte, commencent les premiers à dancer. Apollon vient joindre une Chanſon à leurs Dances, & les ſollicite d'oublier les Soins qu'ils ont accouſtumé de prendre le jour, pour profiter des Divertiſſements de cette Nuit bien-heureuſe.

ARTS TRAVESTIS EN BERGERS Galants.

Six Bergers Gallants. Meſſieurs S. André, Chicanneau, Magny, Foignard l'aiſné, Foignard cadet & Favre.

CHANSON D'APOLLON
Chanté par M. Langez.

LE Dieu qui nous engage
A luy faire la Cour,
Deffend qu'on ſoit trop ſage.
Les Plaiſirs ont leur tour,
C'eſt leur plus doux uſage
Que de finir les ſoins du Iour;
La Nuit eſt le partage
Des Ieux, & de l'Amour.

Ce ſeroit grand dommage
Qu'en ce charmant Sejour
On euſt un Cœur ſauvage.
Les Plaiſirs ont leur tour,
C'eſt leur plus doux uſage,
Que de finir les ſoins du Jour;
La Nuit eſt le partage
Des Ieux, & de l'Amour.

Au milieu de l'Entrée de la Suite d'Apollon deux des Muſes qui ont toûjours évité de s'engager ſous les Loix de l'Amour, conſeillent aux Belles, qui n'ont point encore aimé, de s'en deffendre avec ſoin à leur exemple.

CHANSON DES MVSES

Chantée par Mademoiselle Hylaire,& par Mademoiselle Deffronteaux.

GArdez-vous, Beautez ſeveres,
Les Amours ſont trop d'affaires,
Craignez toûjours de vous laiſſer charmer:
Quand il faut que l'on ſoûpire,
Tout le mal n'eſt pas de s'enflamer;
Le martyre
De le dire,
Couſte plus cent fois que d'aymer.

Second Couplet des Muſes.

On ne peut aymer ſans peines,
Il eſt peu de douces chaines,
A tout moment on ſe ſent allarmer ;
Quand il faut que l'on ſoûpire,
Tout le mal n'eſt pas de s'enflamer;
Le martyre
De le dire,
Couſte plus cent fois que d'aymer.

ENTRE'E

ENTRE'E DE LA SVITE DE BACHUS.

Suite de Bachus.

Concertans. Meſſieurs de la Grille, le Gros, Gingan l'aiſné, Bernard, la Foreſt, Regnier & Jeannot.

Violons. Meſſieurs du Manoir pere & fils, Balus pere & fils, Chaudron fils, le Peintre, Lique, le Roux, le Grais, Varin, Joubert, Rafié, Deſmatins, Leger, l'Epine, & le Roux cadet.

Baſſons. Les Sieurs Colin Hottere & Philidor.

Hautbois. Les Sieurs Duclos & Philidor cadet.

Les Menades & les Ægipans viennent dancer à leur tour. Bachus s'avance au milieu d'Eux, & chante une Chanſon à la loüange du Vin.

Quatre Menades. Meſſieurs Dolivet fils, Bretau, Joubert & Dufort.

Quatre Ægipans. Meſſieurs Dolivet, le Chantre, ſaint André cadet, & Iſaac.

CHANSON DE BACHVS
Chanté par M. Gaye.

ADmirons le Jus de la Treille :
Qu'il est puissant ! qu'il a d'attraits !
Il sert aux douceurs de la Paix,
Et dans la Guerre il fait merveille:
Mais sur tout pour les Amours,
Le Vin est d'un grand secours.

Silene Nourricier de Bachus paroist monté sur un Asne. Il chante une Chanson qui fait connoistre les avantages que l'on trouve à suivre les Loix du Dieu de Vin.

CHANSON DE SILENE
Chanté par M. Gingan cadet.

BAchus veut qu'on boive à longs traits ;
On ne se plaint jamais
Sous son heureux Empire :
Tout le jour on n'y fait que rire,
Et la nuit on y dort en paix.

Second Couplet.

Ce Dieu rend nos vœux satisfaits ;
Que sa Cour a d'attraits !
Chantons y bien sa gloire:
Tout le jour on n'y fait que boire,
Et la nuit on y dort en paix.

Deux Satyres ſe joignent à Silene, & tous trois chantent enſemble un Trio à la loüange de Bachus, & des douceurs de ſon Empire.

Trio de Silene, & de deux Satyres.

Meſſieurs de la Grille, Gingan cadet & Bernard.

VOulez-vous des douceurs parfaites?
Ne les cherchez qu'au fonds des Pots.

Un Satyre.

Les Grandeurs ſont ſujettes
A cent peines ſecrettes.

Second Satyre.

L'Amour fait perdre le repos.

Tous enſemble.

Voulez-vous des douceurs parfaites?
Ne les cherchez qu'au fonds des Pots.

Un Satyre.

C'eſt-là que ſont les Ris, les Jeux, les Chanſonnettes.

Second Satyre.

C'eſt dans le Vin qu'on trouve les bons mots.

Tous enſemble.

Voulez-vous des douceurs parfaites?
Ne les cherchez qu'au fonds des Pots.

Deux autres Satyres enlevent Silene de deſſus ſon Aſne, qui leur ſert à voltiger, & à former des Jeux agreables & ſurprenants.

Deux Satyres Voltigeurs. Meſſieurs de Meniglaiſe, & de Vieux-Amant.

ENTRE'E DE LA SVITE DE MOME.

Suite de Mome.

Concertans. Meſſieurs Beaumont, Fernon l'aiſné, Fernon cadet, Gingan cadet, Deſchamps, Aurat, la Montagne & Pierrot.

Violons. Meſſieurs Marchand, Laquaiſſe, Huguenet, Magny, Foſſart, Huguenet cadet, Broüard, Deſtouches, Guenin, Roullé, Charpentier Ardelet, la Fontaine, Charlot, Martinot pere & fils.

Baſſons. Meſſieurs Nicolas & Martin Hottere.

Hautbois. Meſsieurs Pieſche pere, Plumet & Loüis Hottere.

Vne Trouppe de Polichinelles & de Mataſſins vient joindre leurs plainſanteries & leurs badinages aux Divertiſſemens de cette grande Feſte. Mome qui les conduit chante au milieu d'Eux une Chanſon enjoüée ſur le ſujet des avantages & des plaiſirs de la Raillerie.

Quatre Mataſſins dançant. Meſſieurs de Lorge, Arnal, Pezan & Favier cadet.

Six

Six Polichinelles. Messieurs Girard, la Vallée, Desmatins, la Montagne, Chauveau &

CHANSON DE MOME

Chanté par M. Morel.

FOlaſtrons, divertiſſons Nous,
Raillons, Nous ne ſçaurions mieux faire,
La Raillerie eſt neceſſaire
Dans les Jeux les plus doux.
Sans la douceur que l'on gouſte à médire,
On trouve peu de plaiſirs ſans ennuy;
Rien n'eſt ſi plaiſant que de rire,
Quand on rit aux deſpens d'autruy.

Plaiſantons, ne pardonnons rien,
Rions, rien n'eſt plus à la mode,
On court peril d'eſtre incommode
En diſant trop de bien.
Sans la douceur que l'on gouſte à médire,
On trouve peu de plaiſirs ſans ennuy;
Rien n'eſt ſi plaiſant que de rire,
Quand on rit aux deſpens d'autruy.

ENTRE'E DE LA SVITE DE MARS.

Concertans. Meſſieurs Bony, Hedoüin, Serignan, le Maire, Deſvelois, David, & Perchot.

Violons. Meſſieurs Maſuel, Thaumin, Chicanneau, Bonnefons, la Place, Regnault-Paſſe, Dubois, du Vivier, Nivelon, le Ieune, du Freſne, Allais, Dumont, le Bret, d'Auche, Converſet, & Rouſſelet fils.

Fluſtes. Philebert & Boutet.

Monſieur Rebel Conducteur.

Tymbalier. Daicre, *Sacqdebout*, Ferrier.

Trompettes. Duclos, Denis, la Riviere, l'Orange, la Pleine, Peliſſier, Pétre, Rouſillon & Rodolfe.

Mars vient au milieu du Theatre ſuivy de ſa Trouppe Guerriere, qu'il excite à profiter de leur loiſir, en prenant part au Divertiſſement.

CHANSON DE MARS.

Chanté par M. d'Estival.

LAissons en paix toute la Terre,
Cherchons de doux Amusements ;
Parmy les Jeux les plus charmants,
Meslons l'image de la Guerre.

Trois Enseignes. Messieurs Beauchamp, la Pierre & Favier.

Quatre Piquiers. Messieurs Eydieu, Chicanneau, Isaac, & l'Estang.

DERNIERE ENTRE'E.

LEs quatre Trouppes differentes, de la suitte d'Apollon, de Bachus, de Mome, & de Mars, aprés avoir achevé leurs Entrées particulieres, s'unissent ensemble, & forment la derniere Entrée, qui renferme toutes les autres. Vn Chœur de toutes les Voix & de tous les Instrumens se joint à la Dance generale, & termine la Feste.

CHOEUR.

CHantons les Plaisirs charmants
Des heureux Amants :
Respondez-nous Trompettes,
Tymbales, & Tambours ;
Accordez-vous toûjours
Avec le doux son des Musettes ;
Accordez-vous toûjours
Avec le doux chant des Amours.

FIN.

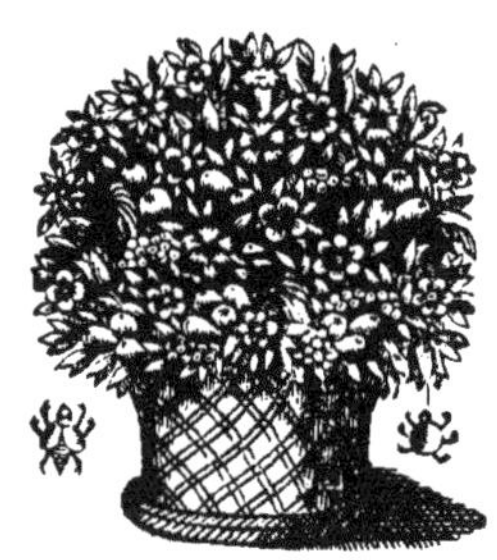

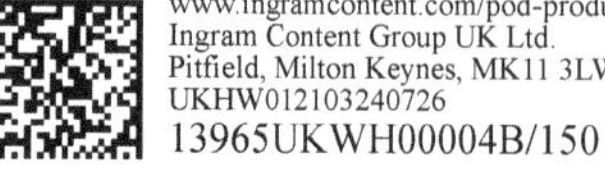
www.ingramcontent.com/pod-product-compliance
Ingram Content Group UK Ltd.
Pitfield, Milton Keynes, MK11 3LW, UK
UKHW012103240726
13965UKWH00004B/1501

9 782013 079013